做一名守法、
冷静的船舶驾驶员

水上交通事故
典型案例评析

陈晓安 编

人民交通出版社股份有限公司
北京

内容提要

本书深入剖析水上交通事故典型案例的原因,针对案例中船舶驾驶员的行为,解析了船舶驾驶员的行为错在哪里、为什么错、什么是正确的操作等问题,阐述了"做一名守法、冷静的船舶驾驶员"的行为理念。

本书可供船舶驾驶员阅读,也可供交通安全监管人员以及其他相关人员参考。

图书在版编目(CIP)数据

水上交通事故典型案例评析/陈晓安编. —北京:人民交通出版社股份有限公司,2020.5
ISBN 978-7-114-16469-9

Ⅰ.①水… Ⅱ.①陈… Ⅲ.①水上交通—交通运输事故—案例—中国 Ⅳ.① U698.6

中国版本图书馆 CIP 数据核字(2020)第 062182 号

Shuishang Jiaotong Shigu Dianxing Anli Pingxi

书　　名:	水上交通事故典型案例评析
著 作 者:	陈晓安
责任编辑:	屈闻聪　刘　洋
责任校对:	孙国靖　扈　婕
责任印制:	刘高彤
出版发行:	人民交通出版社股份有限公司
地　　址:	(100011)北京市朝阳区安定门外外馆斜街3号
网　　址:	http://www.ccpcl.com.cn
销售电话:	(010)59757973
总 经 销:	人民交通出版社股份有限公司发行部
经　　销:	各地新华书店
印　　刷:	北京印匠彩色印刷有限公司
开　　本:	880×1230　1/32
印　　张:	1.875
字　　数:	60千
版　　次:	2020年5月　第1版
印　　次:	2020年7月　第4次印刷
书　　号:	ISBN 978-7-114-16469-9
定　　价:	15.00元

(有印刷、装订质量问题的图书由本公司负责调换)

前言

随着交通事故的发生,人民群众付出了生命消失、财产损毁的沉痛代价,冷冰冰的数字替换了鲜活的生命。痛定思痛,我们要怎样才可以避免悲剧的重演?

本书通过对水上交通事故典型案例的深入评析,重点针对案例中船舶驾驶员行为进行探讨,解析了船舶驾驶员的行为错在哪里、为什么错、什么是正确的操作等问题,提出了"做一名守法、冷静的船舶驾驶员"的行为理念。

本书是专门针对船舶驾驶员的专业读本,从事交通安全的监管人员以及其他相关人员也可以阅读参考。

由于作者水平有限,本书难免有不足之处,恳请广大读者批评指正。

作 者
2020 年 3 月 4 日

目录

案例一 极度疲劳驾驶招来横祸……………… 1

案例二 侵占航道埋祸根，违法航行酿惨祸……………… 6

案例三 无视规则开霸王船致船毁人亡……… 13

案例四 漠视恶劣气象酿成重大沉船事故…… 20

案例五 冒险横越错上加错致船翻人亡……… 26

案例六 诸多违法行为导致船舶"诡异"翻沉……………… 34

案例七 太平航道不太平……………… 42

案例八 抢滩抢出来的祸……………… 50

极度疲劳驾驶招来横祸

事故发生当天凌晨约3：35，一艘无证汽车渡船装载4辆货车，在航行途中船舶突然向左横倾，造成4辆货车及随车人员10人全部落水（1人获救、9人死亡），直接经济损失约100万元的较大水上交通事故。事故中落水的车辆如图1-1所示。

图 1-1　事故中落水的车辆

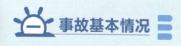

1 船员

船长持有有效内河三类船长证书。

事发时驾驶船舶的驾驶员未持有内河船舶船员适任证书。

在船船员不满足《船舶最低安全配员证书》要求。

2 汽车渡船

最大船长 42.40m，船舶总长 35.3m，型宽 8.0m，型深 1.15m，主机功率 114kW；甲板载车区 20.76m×7.60m；船舶证照，该船未办理船舶登记，无船舶登记证书，未经船检机构检验，未持有船舶检验证书，也未持有水路运输相关证照。

事故发生后经测算，汽车渡船最大安全载重量为 124t，干舷为 350mm。

汽车渡船事故航次共装载货车 4 辆，驾驶员及随车人员共 10 人。本次事故中 4 辆货车货总质量为 162t，属于超载运输。货车装载位置见图 1-2，确认船舶装载平衡。

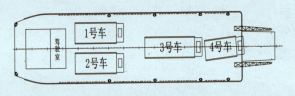

图 1-2　事故船舶装载示意图

3 通航环境

1）航道

事发水域航道系库区干支流交汇水域，呈 Y 形，水面宽阔，航道宽度 450~800 m，东西走向为干流航道，南北向为支流航道。水深 27~30m，表面无流速。事故时该水域无碍航物、无其他船舶航行。

2）气象

阴有小雨，气温 5.9~8.9℃，北风 2 级；据船员描述，事故发生当天凌晨无风、无雾、有微弱星光。

事故经过

事故发生前 2 天的晚上，船长和驾驶员都在忙于码头作业，直至事故发生前 1 天的凌晨 1：00 左右，汽车渡船装载 3 辆货车才开航。

事故前日凌晨 3：00 左右遇雾停泊，船长和驾驶员断续睡了 3h。

事故前日约 7：00 汽车渡船驶至目的地，车辆上岸，船舶停在码头。

事故前日整个白天，船长和驾驶员到码头附近的朋友家里喝喜酒并帮忙做事。

事故前日约 20：00，4 辆货车先后到达码头。

事故前日约 23：00，船长、驾驶员开始指挥车辆上船。船长在指挥车辆时，被狗咬伤，驾驶员又陪同船长搭乘摩托车至镇上打疫苗。直到事故发生当天的凌晨约 1：00，两人才回船。

事故发生当天凌晨 1：10，船长驾驶汽车渡船开航，4 辆货车上的人员在车内休息。

当日 1：50 左右，船长要求驾驶员驾驶，自己则躺在驾驶室后部的床上睡觉。驾驶员接舵后单独驾驶船舶，以主机转速 900r/min 的状态航行，船长进入睡眠状态。

当日 3：29，船长被另外一艘汽车渡船船主打来的电话铃声叫醒，得知本船目的地改了，并将情况告知驾驶员。之后，船长斜坐在床上，可看到本船驾驶室右侧部分区域。此时汽车渡船车、舵正常，所载车辆未移动。事故发生时，航速在 15km/h 左右。

当日 3：35 左右，船长突然发现船舶在向右急转向，就叫"船不对头，快减速"。驾驶员减速，同时发现船舶左倾，船中后部上水，停在船左后的煤车随即向左倾倒，使船舶左倾加剧，左后煤车落水，紧接着右后部的煤车、中部的矿石车、前部的木材车先后向左翻入河中，船舶恢复平衡。

船长用探照灯扫射河面，搜寻落水者，发现并救起 1 人，没有发现其他落水者。

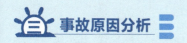

调查认定的事故原因有三个方面。

（1）驾驶员无证驾驶同时操作失误是造成此次事故的主要原因。驾驶员未经船舶驾驶专业培训，未持有船员适任证书，不具备驾驶船舶资质，且一直没有安排充足的休息时间。汽车渡船航行至事故水域时，操作失误，向右转了较大舵角，汽车渡船在速度尚未降到足够低的情况下出现快速向右回转，所载车辆在离心力作用下向左滑移，船舶在离心力作用下向左横倾，致使所载车辆倾倒落水，发生事故。

（2）汽车渡船超载运输是造成此次事故的重要原因。该船最大安全载重量为124t。事故时车渡船载重量已超过162t，车渡船中后部最小干舷只有2cm，属严重超载。同时车辆严重超载是造成此次事故的原因之一。船舶所载货车违法改装并严重超载，车辆重心提高，在离心力作用下，产生的侧倾力矩增大，导致车辆向左滑移，并最终侧翻落水。

（3）汽车渡船非法经营是造成事故的原因之一。汽车渡船未经检验合格、未办理水路运输相关证照，不具备装载重、中型货车的技术要求，船长未履行船长驾驶和船舶管理责任，夜间非法载运车辆，在视线不良的情况下冒险航行，导致发生事故。

四 船舶驾驶员行为探讨

1 极度疲劳驾驶

汽车渡船上的2名驾驶员，在事故发生前2天就一直在没有正常作息时间的状况下开船，从事故发生前1天的凌晨1:00开始到事故发生当天的凌晨3:35，在超过26h的时间内，2名驾驶员只是零星地睡了3h，整个白天都在码头附近的朋友家里喝喜酒并帮忙做事，身体处于兴奋状态，到夜晚很容易进入疲劳状态。

疲劳，一般可分为身体疲劳和精神疲劳。从疲劳恢复时间来看，可分为急性疲劳、慢性疲劳和过度疲劳。

急性疲劳是由于日常驾驶所引起的暂时疲劳，经过短期的休息，疲劳就会消失，正常驾驶疲劳就属于这一种。

慢性疲劳是由于长期处于疲劳状态而引起的，这种疲劳会使驾驶质量下降，影响身心健康，短暂休息不能消除。

极度疲劳是由于多次急性疲劳和慢性疲劳积聚形成，可能突然以某种病态表现出来，这种不能用短时间的睡眠来恢复，需要经过长时间休养和十分充足的睡眠进行恢复。驾驶员处于极度疲劳时，往往会有下意识操作或出现短时间睡眠现象，严重时会失去对船舶的控制能力。当驾驶员处于极度疲劳状态时，必须立即停止驾驶操作。唯有足够的睡眠才是消除极度疲劳和恢复清醒最可靠、最有效的方法。

事故发生当天凌晨 3∶35，驾驶员应该是在极度疲劳的情况下进入短暂睡眠状态，无意识地大幅度操右舵，船舶在全速航行的状态下大幅度右转导致船舶大幅度向左横倾，船舶的巨大离心力将所装载的 4 辆货车甩入水中。

2 装载非法改装的车辆

本案例中 4 辆货车都进行了非法改装，经过非法改装后，其装载量大幅度增加，重心也大幅度提升。货车车主对汽车非法改装，违反的是《中华人民共和国道路交通安全法》以及其他道路运输相关的法律法规，其违法行为应该由交警部门和道路运输管理部门进行相应的处罚。在本案例中，非法改装的货车重心过高是事故发生的一个原因，但是对于水路运输而言，这些改装后的货车，只是一种特殊的货物而已。这种货物的重心高，稳定性差，可以说根本就不适合船舶运输。船长和驾驶员没有意识到这种货物潜在的危害性，冒险装载这些货车，仅对部分货车车轮加垫了三角木，没有采取任何横向固定措施，这样的装载方式，当船舶稍遇风浪或者大舵角操作时，极易使货车发生横向侧翻而导致事故的发生。

案例二

侵占航道埋祸根，违法航行酿惨祸

事故发生当天14：50左右，一艘短途客船（图2-1）在航行途中触碰到水下钢丝绳发生侧翻，造成12人死亡（其中9名学生）、20人受伤、直接经济损失290.1万元的重大水上交通事故。

图2-1　事故客船

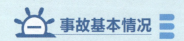

1 客船

1）船员

驾驶员持有有效的内河五等驾机员船员适任证书、船员特殊培训证书。

售票员（水手）非持证船员，从事客船售票工作10年。

2）船舶

四类客船。客船参数：船长14.78m、船宽2.23m、型深0.55m、干舷250mm、乘客定额14人、主机功率16.18kW。

具有效的船舶适航证书。

核载14人，本航次共有89人登船，中途1人下船，事发时实载88人，超载528.5%，已严重超载。

2 挖砂船

1）作业人员

挖砂船上4名作业人均未持有船员适任证书。

2）船舶

船长21.55m、船宽6.8m、型深1.2m、主机功率58.8kW、输送带11.04m。

未办理任何手续，属于非法采砂。

3 通航环境

1）航道

事故水域为山区河流，航道属于等外级航道，已被诸多水轮泵站分割，船舶只能在分割的区间内航行。河道宽约24m，最大水深约2.8m。

2）船舶流量

该水域河段上有1个砂石场，3艘挖砂船，4艘运砂船，5艘客船，平时日最大船舶流量约为18艘次。在节假日时段，客流量会增加，时有客船超载现象。

3）水下碍航物

事发前，因挖砂作业需要，挖砂船作业人员将锚泊钢丝绳一头系在挖砂船上，另一头系在河岸的树上进行固定。钢丝绳与水流呈40°夹角于水面以下约0.3m的深度横跨航道，未设置警示标志信号，严重影响通航安全。

4）气象

事故发生当天14：00左右，阴天多云，无降水，微风，气温为27℃。

5）水文

事故发生当天14：00左右，事故水域流量每秒57m³，水面最大流速约每秒0.6m，最大水深约2.8m。

4 学校和船主的包船合约

（1）为了提高适龄孩子的入学率，事故发生前10天，当地镇中学在进村入户招生时向学生家长承诺，免费用客船接送沿河各村的中学生上下学。

（2）事故发生前8天，镇中学校长口头授权，由副校长与船主达成口头协议，每周接送学生上下学各一次，学生上学（逆水）每次60元、放学（顺水）每次50元，每次行船距离约8km。

（3）事故发生前船主驾驶客船分别接、送了学生一次。

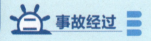

事故经过

事故发生当天上午，驾驶员将客船停泊在镇中学邻近的客运码头待客。

13：30左右，镇中学放学，学生在副校长和一名教师的护送下陆续登船，共有70名中学生登上了客船，另有4名成人和2名小学生也先后登船。

14：25左右，船主驾船开航向下游行驶，刚航行5m左右，码头上又有6名中学生要登船，船主将船靠回码头，接6名中学生上船。此时，客船一共载有89人（其中：中学生76人、小学生4人、成年人7人、驾乘人员2人），船员与乘客均未穿救生衣。开航不久，船上1名中学生发现自己坐错了船，要求下船，客船在距客运码头100m的下街码头停靠，该学生上岸后客船驶离码头靠航道左侧继续航行。

14：50左右，位于船头的售票员发现前方10m左右的水面下有钢丝绳（系挖砂船的锚泊钢丝绳），便转身对驾驶员招手呼喊。

驾驶员看到售票员招手后立即将发动机怠速,并走到驾驶甲板右舷查看,发现水下有钢丝绳,便呼喊挖砂船船员赶快放松钢丝绳,因挖砂船正在进行维修作业,开着柴油发电机组,噪声较大,船上4名挖砂作业人员均没有做出反应。

客船继续顺水低速前行,随后该船螺旋桨、舵杆触碰到了水下的钢丝绳,船体失去平衡倾斜进水,乘客争相逃往舱外,客船迅速沉没,船上人员全部落水(图2-2)。

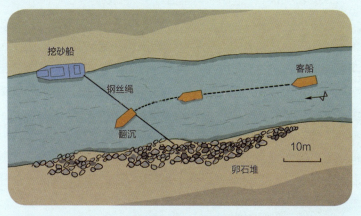

图 2-2　事故示意图

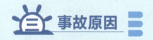

调查认定:

(1)挖砂船作业人员违法设障。挖砂船未办理相关资质手续,在事发河段非法采砂。施工作业过程中,违法将锚泊钢丝绳置于水面以下横穿主航道,未设置标志和显示信号,造成通航障碍,致使通航条件恶化。

(2)客船严重超载航行。客船核载14人,事发时实载88人,致使船舶航行稳性不合格,操纵性能降低;加重了事故损害后果。

(3)客船驾驶员应急处置不当。客船驾驶员对触碰危险估计不足,临危处置不当。

四、船舶驾驶员(相关人员)行为探讨

1 客船驾驶员

客船严重超载,将乘客的生命视为儿戏,利令智昏,冒险航行,违反了《中华人民共和国内河交通安全管理条例》第21条:"任何船舶不得超载运输货物或者旅客"的规定。

在航行途中没有保持谨慎驾驶,没有保持正规瞭望,违反了《中华人民共和国内河交通安全管理条例》第17条"船舶在内河航行时,应当谨慎驾驶,保障安全"的规定。作为常年在此水域航行的驾驶员,明明知道前方有水下钢丝绳,没有提前减速,只到形成紧迫危险的局面时(船头距钢丝绳约10m),才减速航行。此刻他把避碰的希望完全寄托在挖砂船上面的工人,仍然放任客船低速前进。如果此刻采取倒车措施控制船位,然后就近靠岸(左岸卵石堆距离不到10m),悲剧是完全可以避免的。

历史有时候会出现惊人的相似,就在本案例事故发生的这条河流,就在客船沉没地点下游约800m的地方,1992年9月29日19:00左右,由本案例中驾驶员的母亲驾驶的一条渡船,由于严重超载而沉没,船上35人全部落水,死亡18人,其母亲被判刑3年。可悲的是,本案例中驾驶员没有从其母亲身上吸取教训,21年以后,在同一个水域,以同样的方式,重蹈覆辙。

本案例对于广大船舶驾驶员来说教训极其深刻,这真是:超载航行猛于虎,违法航行酿惨祸。法律法规要牢记,谨慎驾驶平安行。

2 挖砂船作业人员

挖砂船作业人员将钢丝绳横穿航道,给水上航行的客船埋下了严重的安全隐患。平时,作业人员看见客船以后,就会将钢丝绳放松沉入水底,待客船通过以后再将钢丝绳绞起来。这种违法

操作重复了千百次，以致客船驾驶员习惯性地认为，钢丝绳肯定会沉入水底，根本就没有想到钢丝绳会成为"绊马索"。挖砂船作业人员的一时疏忽，断送了12条人命，尤其是9个花季学童魂断江底。

3 相关人员

（1）本案例是一起非常典型的水上交通事故，纵观事故发生的前前后后，暴露出当地政府以及学校、海事、水利、航道等机构和部门完全无视水上交通安全，尤其是无视学生的人身安全。事故使9名花季学童失去了宝贵的生命，损失令人痛心，造成了极其恶劣的社会影响。水上交通安全是一个全社会参与的系统工程，哪一个环节都不能出问题。而本案例恰恰是每一个环节都出了问题，不得不说是一个特例。事故发生的背景是：政府无为、监管缺位、管理失职、学校法盲、船员违法、乘客无知。因此，发生事故是一种必然的结果。

（2）《中华人民共和国内河交通安全管理条例》第88条规定："违反本条例的规定，海事管理机构对未经审批、许可擅自从事旅客、危险货物运输的船舶不实施监督检查，或者发现内河交通安全隐患不及时依法处理，或者对违法行为不依法予以处罚的，对负有责任的主管人员和其他直接责任人员根据不同情节，给予降级或者撤职的行政处分；造成重大内河交通事故或者致使公共财产、国家和人民利益遭受重大损失的，依照刑法关于滥用职权罪、玩忽职守罪或者其他罪的规定，依法追究刑事责任。"本案例中这种挖砂船作业人员将钢丝绳横穿航道的违法行为以及违法操作是典型的内河交通安全重大隐患，而当地的海事管理机构却"司空见惯""麻木不仁"。对于这种典型的不作为，只能依照刑法中关于滥用职权罪、玩忽职守罪或者其他罪的规定，依法追究相关人员的刑事责任。

（3）本案例中客船超载528.5%，属于非常严重的超载。更可怕的是，这种超载是在学校老师的"亲自护送下"完成的，是无知？还是法盲？学校为了让沿河的学生能够上学，出资对上学的学生以"包船"的形式进行接送,却忽视了"包船"带来的严重超载的安全隐患,这是好心办了坏事。本应成为学生生命安全守护神的老师,却亲自将学生送上了一条不归路,教训十分惨痛。

案例三

无视规则开霸王船致船毁人亡

事故发生当天约13:22,一艘上行货船与一艘满载乘客的下行客渡船(图3-1)在航道中间水域发生碰撞,造成客渡船沉没、20人死亡的重大水上交通事故。

图3-1 事故客渡船

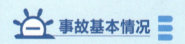

1 货船

1)船员

船长持有有效的内河二类船长证书,在船配员及适任满足《船舶最低安全配员证书》要求。

2)船舶

总吨位976,净吨位546,总长49.87m,船长47.9m,型宽12.50m,型深4.3m,满载吃水3.85m,主机功率210kW×2,内河B级航区,参考载重吨1791t。

该船持有《船舶检验证书薄》《船舶所有权登记证书》《船舶国籍证书》《船舶营业运输证》等有效证书。

3）装载

本航次实际装载1900t，艏吃水4.08m，舯吃水3.87m，艉吃水3.66m。超载109t，处于明显艏倾状态。

2 客渡船

1）船员

在船船员2人，驾驶员持有有效的五等驾机员适任证书，满足《船舶最低安全配员证书》要求。

2）船舶

总长17.5m，船长15m，型宽3m，型深1m，主机功率32kW。乘客定额30人。持有有效的船舶适航证书。

3）载客

本航次实际载客48人，超载18人。乘客分坐在客舱内沿纵向装设的两排座板上，中间堆放了一些箩筐等杂物，客舱两边有遮风雨的篷布。

3 通航环境

1）航道

事发水域为内河二级航道。事发航道顺直，通航环境良好，事发过程中上行船1艘，下行船2艘。

2）气象

据当地气象局提供的资料，事发当天天气为阴天有小雨，能见度为4km，气温11℃，偏东风1.9m/s。

3）水文

当天8：00，水位为23.53m，水流流速0.67m/s。

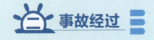

1 货船

事故当天13：13，货船航行至事故水域下游，航速约7km/h。

当班驾驶员看到一艘重载货船从上游下行,重载货船后面有一艘客渡船(后经证实是事故客渡船)尾随下行。

当货船航行至过江高压线下游水域时,与下行重载货船左舷会过。此时,货船驾驶员看见客渡船沿着河道中间下行并逐渐接近。于是,鸣笛一长声。对方没有任何反应,就继续沿河道中间上行。

当驶过过江高压线不久,货船又鸣笛一长声,但对方还是没有任何反应。

这个时候,在驾驶员旁边的船长认为对方应该是让路船,告诉驾驶员说:"他船应该会让我们船的,继续按原来的航向走。"驾驶员听从船长的指令,没有采用任何避让措施。

当两船距离约50m时,驾驶员发现客渡船仍然没有采取避让措施,且船头正对着本船船首驶来,又鸣了一长声,接着挂空挡,然后全速倒车。

倒车时,发现客渡船有一人从舱内出来,来船向左岸转向。倒车约10s,约13时22分,货船右锚头与客渡船右舷前部发生碰撞(图3-2)。

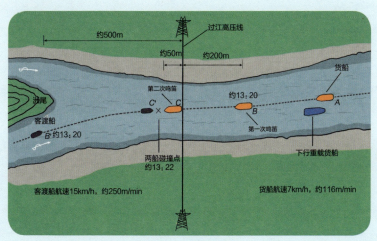

图 3-2 事故示意图

2 客渡船

事故发生当天约13:00,客渡船装载48名乘客离开码头。

约13：10，下行至事故水域，随一艘下行的重载货船下行，航速约15km/h。

约13：20，客渡船行至洲尾，看见前方一艘船舶（后经证实是事故货船）沿河道中间上行，并形成正面对驶相遇局面，驾驶员认为对方会采取避让措施，不会对安全有影响，因此，没有采取任何措施，继续沿河道中间下行。

当两船相距约50m时，驾驶员临时停了一会儿车，发现对方没有避让意图，而且，两船越来越近，才匆忙加速避让并向左转，但速度提不上来。

船舶停车时，售票员感觉船慢下来了，以为到码头了，从舱内走出船首，发现将与来船发生碰撞，赶忙要求加速并做避让手势。

约13：22，两船以60°发生碰撞，客渡船的右舷船舱前部撞到货船右锚，船尾右摆后，右舷船中后部被横压在货船船首右舷，然后向左侧翻在水面，后从货船右舷漂流至船尾时沉没（见图3-2）。

事故原因

调查认定事故的原因：

（1）货船在航道中间上行未按规定及早避让下行船，以致两船形成对驶相遇局面，导致碰撞事故的发生。

（2）客渡船瞭望疏忽，未能对局面和碰撞危险作出充分的估计，左转向的错误避让行动，导致碰撞事故的发生。

四 船舶驾驶员行为探讨

1 货船驾驶员

（1）《中华人民共和国内河避碰规则》第8条航行原则是

这样规定的:"机动船航行时,上行船应当沿缓流或者航道一侧行驶,下行船应当沿主流或者航道中间行驶。但在潮流河段、湖泊、水库、平流区域,任何船舶应当尽可能沿本船右舷一侧航道行驶。"对照这条规定来看,货船的驾驶员和船长完全无视规则的存在,严重侵占了下行船舶的航路,而且还错误地认为下行船应该让路,其"开霸王船"的心态显露无遗。

(2)货船驾驶员在 B、C 两个位置(见事故示意图)采取了鸣笛一长声的措施。鸣笛一长声的含义是:我将要离泊、我将要横越,以及要求来船或者附近船舶注意。因为货船是在航状态,驾驶员想表达的显然不是要离泊或横越,他想表达的是"要求来船注意",其主导思想还是要求对方让路,潜台词是"你给我让开!"。而正确的做法是按照《中华人民共和国内河避碰规则》第9条避让原则的规定"船舶在避让过程中,让路船应当主动避让被让路船"、第10条机动船对驶相遇的规定"上行船应当避让下行船"。作为让路船的货船,理应及早主动避让客渡船。

(3)两船互见距离至少在1km以上,事故水域又没有影响观察的其他船舶航行,事故是不应该发生的。但是,货船驾驶员在"开霸王船"心态的主导下,未尽到"谨慎驾驶"的职责。违反了《中华人民共和国内河交通安全管理条例》第17条的规定:"船舶在内河航行时,应当谨慎驾驶,保障安全。"在两次鸣笛对方还是没有任何反应的情况下,仍然没有采取任何避让措施,继续保速保向航行,任由碰撞危险向紧迫局面恶化,直至碰撞发生。如果货船驾驶员在高压线以下的水域采取减速、停车、倒车或者转向等措施,碰撞是完全可以避免的。

(4)本案例中,货船还存在超载109t,船舶处于明显艏倾状态的问题。超载属于明显的违法行为,船舶处于明显艏倾属于不当行为,两者都会给船舶的操纵性带来负面影响,产生安全隐患。由于本案例中货船驾驶员根本就没有采取任何避碰的操作行为,所以船舶的超载和艏倾对操纵性的负面影响与碰撞事故没有关系,但是,应对这两个安全隐患有清醒的认识。

2 客渡船驾驶员

（1）作为被让路船的驾驶员是不是就可以任性地"开霸王船"了呢？答案是否定的。《中华人民共和国内河避碰规则》第44条规定，"船舶相遇时，应当按下列规定使用声号：（一）两机动船对驶相遇，下行船应当在相距1km以上处谨慎考虑航道情况和周围环境，及早鸣放会船声号"；第9条规定，"被让路船也应当注意让路船的行动，并按当时情况采取行动协助避让"。客渡船驾驶员在与货船互见以后一直没有采取任何措施表明自己的会让意图，眼睁睁看着对方与自己正面对驶相遇，把避碰的主动权推给对方。说到底，还是"我是被让路船，我怕谁！"的"霸王思想"作怪。

（2）当客渡船在B'位置时（见事故示意图），货船驾驶员鸣一长笛，可是客渡船驾驶员对此无动于衷，虽然一长声不能表达对方的会让意图，但要求客渡船注意的意图是清楚的。这个时候两船相距还有约700m，如果客渡船驾驶员采取转向的措施，事故是完全可以避免的。可是，驾驶员在"霸王思想"的主导下，视货船如无物，仍然保速保向航行，违反了《中华人民共和国内河交通安全管理条例》第17条"船舶在内河航行时，应当谨慎驾驶，保障安全"的规定；违反了《中华人民共和国内河避碰规则》第9条"船舶在航行中要保持高度警惕，当对来船动态不明产生怀疑，或者声号不统一时，应当立即减速、停车，必要时倒车，防止碰撞"的规定。

（3）客渡船没有按照要求配备号笛信号设备，违反了《中华人民共和国内河交通安全管理条例》第8条"船舶、浮动设施应当保持适于安全航行、停泊或者从事有关活动的状态"的规定，导致无法按规定鸣放声号，无法表明会让意图和协调避让行动。作为被让路船客渡船，驾驶员看到了在航道中间上行的货船，却没有办法向让路船表明会让意图，直接导致让路船无所适从，从根本上动摇了避碰的基础，发生碰撞事故也就不奇怪了。

（4）客渡船在C'位置时（见事故示意图），货船鸣了第二次一长声，这个时候两船已经形成了碰撞紧迫局面，驾驶员采取了停车慢行的措施，应该说这个措施是正确的。如果驾驶员继续采取倒车的措施，碰撞就有可能避免。即使发生碰撞，力度也会小很多（因为货船在这个时候已经采取了减速、倒车的措施），不会造成船翻人亡的严重后果。

在这个位置正确的做法是，不减速、大舵角转向。可惜驾驶员错过了这个最后挽救危局的机会。

（5）当两船越来越近，已经形成碰撞紧迫危险时，碰撞已经不可避免了。这个时候如果驾驶员仍然保持停车的状态，还是可以减轻碰撞的力度。但是，驾驶员采取的临危处置措施竟然是加车操左舵避让。由于两船距离太近，操左舵无法避开货船，而加速直接增加了碰撞的力度。

（6）客渡船严重超载，违反了《中华人民共和国内河交通安全管理条例》第21条"任何船舶不得超载运输货物或者旅客"的规定，属于重大安全隐患，也是事故损失惨重的重要原因。

（7）客渡船驾驶员为了给乘客遮风挡雨，将顶棚上的篷布放下，人为地将客舱两边堵上。这个过失行为不仅影响了驾驶员航行中的对周边的观察，还严重阻挡了船舶翻沉以后乘客的逃生通道。如果客船两边是开敞的，或者是玻璃的，乘客逃生的机会会更多。

案例四

漠视恶劣气象 酿成重大沉船事故

事故发生当天14:40左右,一艘旅游客船在航行途中遇极端恶劣天气,造成客船翻沉,15人死亡的重大水上交通事故。事故现场进行打捞作业的场景如图4-1所示。

图4-1 事故现场正在进行打捞作业

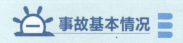

1 船员

(1)驾驶员持有有效的三类驾驶员《内河船舶船员适任证书》《内河船舶船员特殊培训合格证(客船)》《船员服

务簿》。

（2）水手持有有效的《船员服务簿》。

（3）船舶持有有效的《船舶最低安全配员证书》，本航次配员符合最低安全配员要求。

2 船舶

船种类：客船。

船长13.0m，型宽2.7m，最大船宽（包括舷伸甲板）3.20m，型深0.9m，满载吃水0.638m。

主机功率（双机）16.18kW×2，设计航速12km/h；乘客定额25人，船员2人。

航区：内河C级。

持有有效的船舶适航证书。

3 通航环境

1）航道

事故航道为水库库区航道，该水库地处两大山脉交汇处低山峡谷地区，水库四周重峦叠嶂、山势陡峭，岸线曲折蜿蜒，峡谷众多。水域面积达62km^2。事故航段地处湖心岛弯曲航段，此航段四面环山，并处于上、下、左、右4个峡口的交汇处。为内河C级航区，事发水域最小湖面宽度221m，最大湖面宽度500m，水深65~70m，最小曲率半径150m。

2）气象

事故发生当天10：50、11：26、13：30、14：10，当地市气象台4次发布短时临近预报，内容为注意防范雷电、短时阵性大风、短时强降水以及冰雹等强对流天气的影响。

据生还者（系事发水域右岸钓鱼平台经营者）陈述：约14：40时，风速急剧增大，并形成了目测波高超过1m的浪。

当地大部分观测站出现了小时雨量10mm左右的阵雨天气，其中距事故发生地最近（直线距离约3900m）的气象观测站在14：42至15：00的19min内测得的降雨量为9.4mm，14：47至14：52间每分钟降雨量为0.8~0.9mm，降雨强度达到了短时强降水级别。

雷雨天气导致气温陡降,距事故发生地最近(直线距离约3900m)的气象观测站的气温从13:00的30.6℃下降到15:00的16.5℃,2h降温幅度达到14.1℃。

3)周边船舶

事故发生时,没有其他船舶航行。

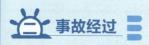

事故发生当天12:30,客船驾驶员驾驶客船从码头开航上行驶往景区。开航时,船上乘客和船员共计18人,天气晴朗,微风。约13:40,船舶上行至景区水域。平均航速约6.87km/h。

约14:00,景区工作人员收到海事部门黄色预警通知,要求停止出船。但事发客船已经出船,工作人员没能将黄色预警信息通知给客船驾驶员。

约14:00,客船从景区开始返航。平均航速约7.91km/h。

约14:30,湖面开始起风并伴有小雨。一名乘客在二层舱室内关闭窗户休息,其余人员均在一层舱室,关闭窗户避雨。

约14:37,湖面刮起大风。

约14:40,当船舶航行至事故水域右岸凸嘴下游外侧50~60m处,风速急剧增大,形成了目测波高超过1m的浪。此时,船舶正处于弯曲航段,右舷横向受强风,并受大浪影响,产生横摇。在风和浪的共同作用下,船体开始往左舷倾斜、船首进水,船舶加速向左舷倾斜并迅速翻沉。

在船舶翻沉的过程中,在二层舱室的那名乘客被甩出,一层的2名乘客被进入船舱内的水压从船舱门和窗户推出舱外,其他人员随船快速沉入湖底。在舱外的3名乘客自己游至岸边,在自救的过程中被救援人员施救上岸。

事故经过如图4-2所示。

图 4-2 事故示意图

三、事故原因

调查认定：

（1）突发短时阵性大风灾害性天气导致沉船。事故发生时，当地受高空下滑冷槽和地面弱冷空气的入侵，加之低空增温增湿，生成了强对流风暴，并逐渐发展为多单体风暴群，导致库区附近出现了突发短时阵性大风灾害性天气。

（2）客船抗风压倾覆能力不足以抵抗所遭遇的极端恶劣天气。事发水域当日的最大瞬时风速为33.5m/s，远远大于该船舶能够抵御的受正横风（风速为22.15m/s）时的理论倾覆值，而且事发时，该水域还出现了目测波高约1m的大浪，船舶的抗风能力无法克服从右舷吹来的强风和大浪的共同作用力，船舶向左倾斜，并迅速翻沉。

四、船舶驾驶员行为探讨

下面从驾驶员的操作角度来探讨事故发生的深层次原因，从而深刻吸取教训，防止类似事故的再次发生。

1 驾驶员漠视恶劣气象，安全意识不牢

据生还者反映，14：00时过后，天气开始变化，随后开始下雨。也就是说，天气的变化还是有一个过程的，并非如龙卷风一样突如其来。

当客船处于A点位的时候（见事故示意图），此时约是14：30，按照客船7.91km/h的航速，此时距离客船翻沉C点位还有约1320m。调查显示，此时已经有比较大的风了。作为一个长期在水库航行的驾驶员来说，理应意识到恶劣天气即将到来。就应该在适当的水域停航躲风，应该将乘客从舱内叫到舱面上来，并且穿好救生衣，以应对突发情况。如果停航躲风，灾难是完全可以避免的；如果乘客穿上救生衣，而不是集中在船舱里面，事故的死亡人员也会大大降低。

2 驾驶员在临危点位处置不当

山区水库由于地形的特点，使水库水域容易出现小尺度的恶劣气象，像事故水域这样的山凹水域应该不是个别现象，如果驾驶员对水库的危险水域进行了危险辨识和风险管控，这种事故是可控可防的。

事故客船的驾驶员对山区水库客观存在的自然条件，以及易造成所谓"穿山风"的潜在危害缺乏足够的认识和重视。低估了灾害性大风的威力，轻率冒险航行。在面对恶劣气象时，漠视危险，以侥幸和冒险的心态继续航行，最终导致客船翻沉。

在B点位（见事故示意图）的时间是约14：37，此时，水面已经掀起狂风巨浪，客船距离翻沉C点位还有约400m的距离。这个时候客船处于右侧山峰的背风区域，驾驶员还是有时间和条件采取在右侧山的背风处停止航行的措施，灾难仍然可以避免。可是，驾驶员在如此恶劣的气象条件下冒险航行，没有做到认真瞭望，没有做到谨慎驾驶，违反了《中华人民共和国内河交通安全管理条例》第17条"船舶在内河航行时，应当谨慎驾驶，保障安全"的规定，冒险驶入横风横浪的山凹风口水域，使船舶

突然受到横风横浪的袭击。目测波高超过1m的波浪,为什么驾驶员就"视而不见"?风速为33.5m/s的大风,为什么驾驶员就"听而不闻"?竟然驾驶客船驶入如此险恶的环境之中,教训极为深刻。

◆ 案例四 漠视恶劣气象酿成重大沉船事故

冒险横越错上加错致船翻人亡

事故发生当天19：40左右，两艘满载砾石的运砂船发生碰撞。甲船当即翻沉，7名船员落水，两名船员获救；乙船1h后翻沉，8名船员弃船逃生。事故共造成5名船员死亡，直接经济损失506万余元，为较大水上交通事故。甲船受损情况如图5-1所示。

图 5-1　甲船右舷货舱围壁受损

一、事故基本情况

1 甲船

1）船员

船长及驾驶员均持有有效的适任证书，在船船员不满足《船舶最低安全配员证书》要求。

2）船舶

船舶类型：自卸砂船。

总吨位1491，净吨位596，总长126.60m，船长80.40m，满载水线长80.40m，船宽13.80m，最大船宽13.83m，型深3.2m，最大船高17.50m，空载吃水0.779m，满载吃水2.350m，满载排水量2261.2t，空载排水量677t，主机功率300kW×2。

船舶适航证书有效。

本航次，实际受载2200t砾石，该船离档时留有200mm左右干弦，事故发生时干弦接近300mm。

2 乙船

1）船员

船长及驾驶员均持有有效的适任证书，在船船员不满足《船舶最低安全配员证书》要求。

2）船舶

船舶类型：自卸砂船。

总吨位1333，净吨位533，总长118.8m，船长77.80m，满载水线长79.30m，船宽13.00m，最大船宽13.03m，型深3.7m，最大船高12.80m，空载吃水1.206m，满载吃水3.00m，满载排水量2695.6t，空载排水量995.6t，主机功率236kW×2。

船舶适航证书有效。

本航次实载2300t砂，该船离档前留有200mm左右干弦，事故发生时干弦300mm左右。

3 丙船

和甲船与乙船碰撞事故有关的船舶。

4 通航环境

（1）事故发生水域江面较开阔，有效航宽大于400m，水深足够。

（2）事故发生时，乙船前方下游有丙船刚与上行的甲船会绿灯通过。

（3）天气：多云，北风≤3级，视线较好。

（4）水文：当地水文站水位22.76m，水流较快。

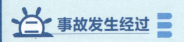

事故发生经过

事故发生当天17:00，甲船从A水域挖砂船受载砾石2200t，19:00退档上行驶往目的港，当班驾驶员为一类船长。

17:00，乙船从B水域挖砂船受载黄砂约2200t，18:20退档低速下行驶往目的港，当班驾驶员为一类船长。

19:28，丙船从乙船右舷实施追越。19:33丙船完成追越。

19:38左右，丙船与上行的甲船互会右舷，横距约15m，甲船离右岸40~50m。

当甲船的船首驶过丙船尾时，甲船当班驾驶员打右舵，闪红灯划江横越。乙船当班驾驶员随即采取打右舵闪红灯措施。

当甲船与丙船两船驶过让清后，甲船才完全看清乙船的距离与动态，估计难以横越，于是改左舵并闪绿灯，甲、乙两船船首皮带架让过后，甲船回右舵，随后双空车，想与乙船右舷会过。

乙船见甲船闪绿灯随即拉到车，并打左舵，但两船由于相距太近，约19:40，乙船右舷船首护舷材下方船身板碰撞甲船右舷货舱部位第一个系缆桩，随后继续碰撞甲船第二至第五个系缆桩，且乙船右舷船首角擦压甲船货围板顶部18m，撕开货围壁7m。由于连续的侧压，甲船向右严重侧倾，引起货物向右位移，导致甲船向右倾覆。

乙船船首右舷艏尖舱被撕6.0m×2.0m的口子，同时皮带架断落在甲船栖装左舷，20:00左右乙船向右舷翻沉。

三、事故原因

调查认定,本次事故的直接原因为当事双方船舶驾驶员未保持正规瞭望,未采取安全航速;甲船当班驾驶员强行横越;当事双方船舶驾驶员面临危险局面时处置不当,导致两船呈小夹角快速碰撞。

因两船小夹角快速碰撞,乙船船首护舷材下方身板呈弧形,对甲船右舷5个系缆桩、货围壁连续碰撞、擦压、破舱,导致甲船严重向右舷侧倾,从而导致甲船所载卵石严重位移,因两舷相交,卵石无法全部倾入江中,而是主要集于右舷甲板,从而产生巨大侧倾力矩,最后向右舷快速翻沉。快速翻沉导致5名船员无法及时逃生。

乙船因大面积破舱,加之碰撞产生所载砂石位移,于事发1h后向右舷翻沉。

四、船舶驾驶员行为探讨

1 甲船驾驶员

1)在A点位

甲船在A点位的行为见图5-2。

甲船在没有和丙船会让清的情况下,有2个操作可以选择。而当班驾驶员选择了操右舵转向横越的行动。这是一错。

《中华人民共和国内河避碰规则》第6条规定:"船舶应当随时用视觉、听觉以及一切有效手段保持正规的瞭望,随时注意周围环境和来船动态,以便对局面和碰撞危险作出充分的估计。"第12条规定:"机动船在横越前应当注意航道情况和周围环境,在无碍他船行驶时,按照规定鸣放声号后,方可以横越……(一)横越船都必须避让顺航道或河道行驶的船,并不得在顺航道行驶船的前方突然和强行横越。"

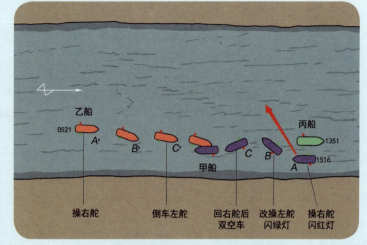

图 5-2 甲船在 A 点位行为示意图

显然，当班驾驶员在没有让清丙船，与乙船存在碰撞危险的情况下冒险横越是一种严重的违法行为，是一种极不冷静、不顾后果的轻率莽撞行为。

正确的做法应该是：让清丙船后减速，再让清乙船，最后横越。

2）在 B 点位

甲船在这个位置时有3种操作方法选择（图5-3）。

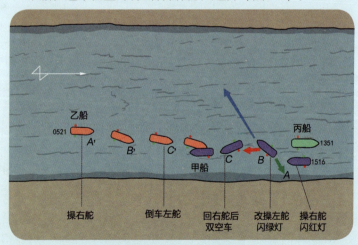

图5-3 甲船在B点位行动示意图

甲船与乙船在这个位置时,已经是处于碰撞紧迫局面的状态了,在两船已经事实上统一了会红灯的情况下,甲船慌乱之中采取了"改左舵并闪绿灯"的措施,严重违反了《中华人民共和国内河避碰规则》第9条"两机动船相遇,双方避让意图经声号统一后,避让行动不得改变"的规定。这是甲船的二错。

《中华人民共和国内河避碰规则》第3条规定:"不论由于何种原因,两船已逼近或者已处于紧迫局面时,任何一船都应当果断地采取最有助于避碰的行动,包括在紧迫危险时而背离本规则,以挽救危局。"甲船在此时还有2个可以采取的"背离行动"。

一是继续保持会红灯,全速加车冲过去。其结果可能是两船左侧平行碰撞,或两船左尾部碰撞,甚至有可能避免碰撞。显然,这些结果都有利于减少事故的损失,都比改左舵并闪绿灯的措施更有利于挽救危局。

二是取消会红灯,全速倒车,并通过广播呼叫乙船,告知本船的意图,其结果可能至少可以降低碰撞的力度,不致船翻人亡。

3)在C点位

甲船与乙船在这个位置时,已经是处于紧迫危险的状态。这时候的任务已经不是避免碰撞,而是如何尽量减少碰撞带来的损失。但是,甲船的临危处置失误,竟然采取了双空车操右舵的行动。这是甲船的三错。

如果甲船采取不停车不操舵、全速前进的措施,其结果可能是本船的右舷中后部,甚至是艉部与乙船碰撞,再加上本船的左艏部与右岸碰撞搁浅,但都不致船翻人亡(图5-4)。

2 乙船驾驶员

1)在A'点位

乙船在这个点位采取的是向右转向并闪红灯的操作,这个操作是应答甲船会红灯的意图,并非错误,但是不够谨慎。《中华人民共和国内河避碰规则》第9条规定:"船舶在航行中要保持高度警惕，当对来船动态不明产生怀疑，或者声号不统一时，应当立即减速、停车，必要时倒车，防止碰撞。"本案例中，两船互见时已经处于有碰撞危险的局面，如果乙船采取减速、停车的操作，碰撞的力度是可以大大减轻的，甚至碰撞都是可以避免的（图5-5）。

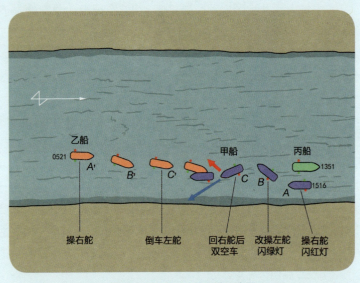

图5-4　甲船在C点位行动示意图

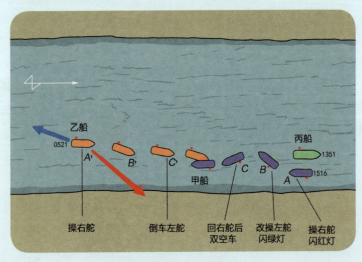

图5-5　乙船在A'点位行动示意图

2）在 C' 点位

乙船在这里采取的临危处置措施是拉倒车，并打左舵，这个操作使本船船头向右转向，显然这个操作是错误的；如果采取的是拉倒车并打右舵，本船船头会朝左转向，至少可以减轻与甲船的碰撞力度，也许不会船翻人亡（图5-6）。

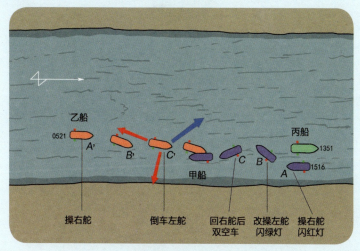

图5-6　乙船在 C' 点位行动示意图

本案例反映出一些驾驶员在正规瞭望、谨慎驾驶、安全航速、背离操作、临危处置等方面存在的问题，希望从业人员可以围绕这些议题做进一步的讨论，不断提高船舶驾驶技能，强化安全意识。灾难不会凭空发生，是关键事件的连锁反应。本案例中的当事人，尤其是甲船的驾驶员，在关键事件的处置上一错再错，最终导致灾难的发生。

案例六

诸多违法行为导致船舶"诡异"翻沉

夜半三更,一艘满载砂石的运砂船在无风无浪的情况下突然"诡异"翻沉,沉睡的6名船员全部落水,造成5人死亡,运砂船沉没,直接经济损失约120万元的较大水上交通事故。事故船舶被打捞出水的场景如图6-1所示。

图 6-1 事故船舶打捞出水

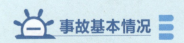

1 船员

按照船舶最低安全配员规定要求,该船应配备二类船长、二类轮机员、二类驾驶员和普通船员各1名。实际在船人员6名，仅有1名持过期轮机员证书，事故发生时不满足船舶最低安全配员要求，属于无证驾驶。

2 船舶

船舶种类：运砂船。

主尺度60.9m（总长）×11.36m（船宽）×2.85m（型深），总吨位795，主机功率160kW×2，航区：B级，核定干舷600mm。

事故发生时《船舶适航证书》过期、《船舶最低安全配员证书》过期。

3 通航环境

1）航道

事发水域属内河B级航区，三级航道。该航段航道顺直，水面宽度约1000m，最大水深约15m，事故船首搁浅停泊位置水深约2.3m，河床底质为砂石。

事发当晚，运砂船停泊点周围无其他船舶停靠。

2）气象

据当地气象台提供的资料显示，事发水域为晴天间多云天气、无降水发生，平均风力1.5m/s，最小能见度1km。当日最低气温5℃。

3）水文

据当地水文水资源勘测局提供资料显示，距离事发地最近的水文监测点站水位为29.37m，水位没有明显变化，水流平缓。

事故证据分析

1 船员值班情况

打捞出遇难人员时，遇难人员都是身穿睡衣。

根据生还者笔录：该船员抽水完毕后就睡觉了，是全船最后睡觉的人。事发前全船6人均已睡觉，无人值班，未履行值班规则要求。

2 运砂船边舱勘验情况

根据船舶技术状况勘验报告：货舱区域两舷为4个纵向水密舱，船体纵向水密舱壁上共设有8个水密人孔，人孔下缘距船底板高度为0.6m，事故发生时本应处于关闭水密状态的这8个水密人孔均未关闭，舱盖不知去向，边舱不能保证水密。

3 运砂船停泊方式

据生还者笔录：靠泊时该船上人员在船首负责测量水深，当船首离岸边2~3m时，船底触河床底部，未停稳，然后用对讲机通知驾驶室加车往岸上顶，船上人员感觉船首左侧底部触坡搁浅停稳。没有抛锚，也没有在岸上系缆。由此判断，该船采取船首左侧底部触坡搁浅停泊方式停泊，未抛锚、船岸之间未系船缆。

4 运砂船装载情况

经调查取证，该船在砂石采挖船上实际购买河砂1080t，按照通常河砂10%~15%含水率计算，推算该船初始装载含水河砂约1200t。河砂采取砂堆形式配载，未平仓，砂堆高出货仓围壁顶部约1m。

根据该船打捞出水显示的船舶实际装载形成的吃水痕迹判断，该船长期处于严重超载航行状态，推定该船事故发生时的装载量约2000t，处于严重超载状态。

事故经过

事故发生前1天的13：00左右，运砂船在砂石采挖船上开始装载。约18：40，装载完毕。开航下行约10min，由于江面起了雾，运砂船负责人决定到建材公司码头停泊。

约19：30，该船在建材公司码头上游约50m停泊。停泊过程中，在离岸2~3m时，船舶左舷船首底部触及河床斜坡后停车，船首出现下滑，驾驶员随即加车将船首左侧船底坐河床斜坡搁浅，此时船舶停稳，没有抛锚或系其他船岸系缆，左舷艏、艉部距岸分别约3m、8m。

约20:00，船停好后，机工继续仅用左舷中部1台水泵断续抽水。

约24:00，机工在甲板上发现左舷中部水泵抽不出水后，认为舱底水已抽完，随即自己回房间睡觉，准备次日3:00—4:00再起床抽水。

事故当天约2:30，机工听到水"哗、哗"的声音后立刻起床。当时，船舶已严重倾斜，随后，船舶向右翻沉。机工被甩出船外落水浮起后，抓住一块木板游了不远，又抓住1个救生圈后游泳上岸。其他5人随船翻沉。

四 事故原因

由于运砂船是在夜间风平浪静的情况下突然翻沉的，事故过程没有目击者，船上仅1人生还。调查人员对事故船舶突然翻沉觉得不可理解，甚至怀疑是人为破坏，而启动了刑事调查。

在排除了人为破坏的可能性以后，事故调查便围绕船舶翻沉的事实展开，倒推事件的全过程。具体思路是：船舶翻沉是一个事实——既然翻沉是一个事实，一定是有一种力打破了船舶停泊时的浮态——力的来源可以是船舶外来的和内部产生的——如果是外来的，那么船舶一定有水进入——船舶有漏洞和破裂，或者有大风大浪，或者受其他船舶撞击，或者机舱管系没有关闭——如果是船舶内部产生的力，一定有足够大的物体在船舶内部发生了位移，引起了船舶横倾。

1 大风大浪

气象和水文调查结果显示，事故发生时段，江面上风平浪静，水流平缓。

2 其他船舶撞击

调查显示，运砂船停泊水域与航道距离有约300m，该水域当天没有其他船舶停泊。对打捞出水的运砂船的检查，没有发现撞击的痕迹。

3 船舶漏洞和破裂

通过对打捞出水的运砂船的检查，没有发现船舶有任何漏洞和破裂。

4 机舱管系

现场勘验结果显示，机舱江水箱透气管、主机水泵等均处于正常状态。

5 船舶边舱积水

排除了以上可能的进水原因以后，就只剩下船舶内部足够大的物体发生了位移这一个可能，那么船舶内部究竟发生了什么呢？要使船舶发生足够大的横倾的物体，质量起码是10t以上，只有船舶边舱的积水满足这个条件。

1）船舶边舱里的积水从哪里来？

通过对运砂船的勘验发现，船舶在货舱区域两边各设有4个水密边舱，每个边舱的纵舱壁上均有1个水密人孔，全船共有8个人孔，这8个人孔的人孔盖都没有在人孔上，也就是说，8个人孔都是空的。至于为什么8个人孔都是空的，由于唯一的生还者上船工作才几天，也就无从知晓原因了。

根据船舶装载吃水痕迹判断，运砂船长期严重超载航行，若每次装载量在2000t左右，按照砂石含水率15%~20%计算，每次的积水有300~400t，而货舱底部的水槽舱的容积只有约130t（36m长、6m宽、0.6m深）。显然，如果每次不及时将水槽的积水抽出船外，水槽舱的积水就可以通过敞开的人孔进入边舱，日积月累，边舱里面就积满了水，每边可以积水约51t，两边的积水可以达到约102t（图6-2）。

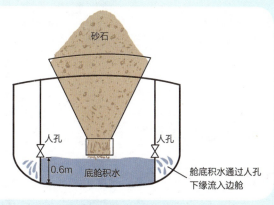

图6-2 边舱积水示意图

2）边舱里的积水是怎样移动的？

运砂船停泊以后，船员进行了约6h的抽水，但是，这些水都是舱底水槽中的积水，边舱的积水是抽不到的。运砂船停泊时船舶存在原始右倾，其原因是：船首左部搁浅导致船舶右倾和船尾纵倾；船舶右边后舱斗门漏砂导致船舶右倾和船尾纵倾；船舶装载时可能存在装载不平衡的问题，导致船舶右倾。在船舶原始右倾的作用下，左边边舱的水不断从人孔开口的下缘流出来，流出来的水在船舶原始右横倾和船尾纵倾的作用下，不断向船舶右舷聚集，使得船舶舱内右舷和货舱尾部严重积水，经过约3h的积累，舱底水槽中右舷及尾部的积水导致船舶严重右倾，船舶的右倾引起船舶装载的砂石发生塌方式位移，导致船舶瞬间发生翻沉（图6-3）。

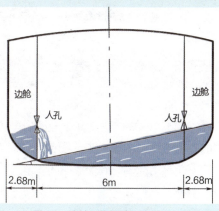

图6-3 边舱积水移动示意图

据资料显示，砂石静止角与崩塌角的差值为3.36°+0.4°。

显然，当船舶横倾时，左边舱的水从人孔流出，不断向右舷聚积，直至右倾角大于砂石崩塌角的差值时，砂石发生崩塌，导致船舶向右翻沉。

(五) 相关人员行为探讨

1 船舶所有人聘请无证人员驾驶船舶

船舶所有人聘请无证人员驾驶船舶，为船舶严重超载、设备不适航埋下了祸根。《中华人民共和国内河交通安全管理条例》第10条明确规定："船舶、浮动设施的所有人或者经营人，应当加强对船舶、浮动设施的安全管理，建立、健全相应的交通安全管理制度，并对船舶、浮动设施的交通安全负责；不得聘用无适任证书或者其他适任证件的人员担任船员；不得指使、强令船员违章操作。"本案例中，运砂船所有人聘请的6名船员都不具有合法的适任证书，这种严重的违法行为导致船舶管理混乱，船舶的安全设施设备失去了应有的作用。边舱的8个水密人孔不知什么时候、什么原因、由什么人打开了，为积水进入边舱打开了通道，形成了重大安全隐患。

2 船舶停泊时未安排船员值班

船舶停泊时没有遵守《中华人民共和国内河交通安全管理条例》第24条的规定"船舶停泊，应当留有足以保证船舶安全的船员值班"。很多船员对这一条规定缺乏深刻的理解，对规定的执行也不以为意，因此而发生的沉船事故也比较多。

船舶停泊以后，仍然受到水流速度变化、水位变化、气象变化等自然因素的影响以及周围其他航行船舶的影响，其安全状态存在比较多的不确定性，设置值班人员的目的，就是要了解这些变化，及时作出处置措施，以确保船舶的安全。

本事故发生前，左边边舱的水在船舶原始右倾的作用下，从左边舱的人孔下缘流出并向右舷聚集，这个过程超过2h，船上的

6名船员都睡了，没有安排船员值班，如果有船员按照船舶停泊值班的要求进行了值班，船舶逐渐右倾是可以被发现的，事故完全可以避免。

3 运砂船长期超载航行

运砂船长期超载航行，违反了《中华人民共和国内河交通安全管理条例》第8条"船舶、浮动设施应当保持适于安全航行、停泊或者从事有关活动的状态"、第21条"任何船舶不得超载运输货物或者旅客"的规定。严重超载使船舶的储备浮力几乎完全消失，如果船舶保留了正常的干舷（600mm），即使发生了砂石塌方式位移，船舶翻沉的过程也不会这么突然；如果对船舶所装载的砂石进行了平仓，就不会发生砂石塌方式的位移，船舶翻沉的过程也不会这么突然，熟睡的船员就有充足的时间发现船舶右倾而及时逃生。

灾害不会凭空发生，是一连串关键事件连锁反应的结果。本案例中的运砂船就是在这一连串的违法行为中"诡异"地翻沉了。

案例七

太平航道不太平

事故发生当天15：54许，一艘载20名游客的无证非运输船舶与一艘空载运砂船发生碰撞，造成12人死亡，直接经济损失715万元的重大水上交通事故。事故船舶如图7-1所示。

图7-1　事故船舶

一 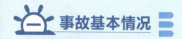 事故基本情况

1 无证非运输船舶（以下简称"小船"）

1）船员

船主兼船舶驾驶员，无船员适任证书。

2）船舶

小船总长16.5m，船长13m，型宽2.4m，型深0.62m，主机功率4.4kW×2。

小船未办理任何证照，属无证的乡镇非运输船舶。事发前，船上有10件救生衣；船主没有配备有关信号设备，不能表达航行意图；在驾驶室前搭设了长4.5m、高1.62m（与驾驶室同高）的顶篷，其左侧临时搭了一块较厚的防雨塑料膜，右侧搭了一块布帘，驾驶视线受限。

3）载客

事发当天14时左右，由船主与游客达成协议，小船以400元的价格载20名游客游览古塔及附近湖泊。

船上载有22人，其中游客20人。

2 运砂船（以下简称"货船"）

1）船员

船长持有效的内河二类船长证书。实际在船人员4人。在船船员不满足《船舶最低安全配员证书》要求。

2）船舶

货船为自卸运砂船，总吨位680，净吨位272，总长79.60m，船长59.60m，型宽11.50m，型深2.40m，满载吃水1.81m，空载吃水1.06m，主机功率180kW×2，内河B级航区，参考载重吨650t。

货船持有《船舶检验证书簿》《船舶所有权登记证书》《船舶国籍证书》《船舶营业运输证》《船舶最低安全配员证书》等有效证书。

3 通航环境

1）航道

事发水域为内河B级航区。事发航道顺直，河面宽度约为280m，航道宽度约为100m，航道设有内河一类航标，设标水深大于2.3m。

事发前，该水域只有小船、货船2艘船舶在航行，通航环境良好。

2）气象

据当地气象局提供的资料，事发当天为阴天有小雨，16时能见度为8km，气温17.2℃，东北风3级。

3）水文

当天8时水位为28.72m，水流流速0.31m/s。

事故经过

事故发生当天15：00左右，小船船主驾驶小船载20名游客由码头起锚直航古塔，游客上岸在古塔游玩了一会儿。约15：30离开古塔返航，沿航道右岸一侧红浮标外上行，航速约7km/h，航经22号红浮标后，小船逐渐驶向航道中间。

约15：53，站在小船船头的游客发现前方驶来的货船，急喊"前面有船"并挥手警告驾驶员，驾驶员在临近碰撞前未减速，急用右舵避让。约15：54，两船发生碰撞，小船翻沉，船上22人全部落水（图7-2）。

事故发生当天约15：45，货船驾驶员驾驶货船掉头离开码头，在掉头过程中发现下游约2km有一小船，但不知小船是上行还是下行。调顺船身后，沿航道中间位置加速下驶（据船舶自动识别（AIS）设备记录，15：52：08，货船过23号红浮标170m时航速12.8km/h，航向143°，船位位于航道中间位置；15：53：04，货船航速14.1km/h，航向147°，位于航道中间偏右）。

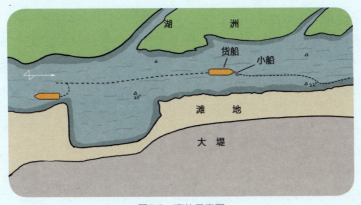

图7-2 事故示意图

货船与小船相距约300m时构成对驶相遇,驾驶员采取减速,当相距约100m左右时,小船进入货船扇形盲区,驾驶员看不到小船,便叫机工到前面观察情况,驾驶员根据机工的手势和语言警示操纵主机倒车(据货船AIS记录,该船从15:53:34至15:54:04船速由11.1km/h 急剧下降到5.7km/h)。约15:54,两船发生碰撞,小船翻沉,船上22人全部落水。

碰撞后,货船驾驶员停车,组织货船船员施救,对落水人员实施救助后,货船漂移至22号红浮标下游约40m处抛锚。

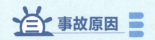

1 小船

(1)小船严重疏忽瞭望。事故发生前,驾驶员在驾驶台视线严重受限的情况下,未能保持有效的视觉瞭望,对来船动态和碰撞危险未能作出充分估计。船舶驾驶室机器声音较大,驾驶员不能保持听觉瞭望,未能及时听得到游客的喊声警告。其行为违反了《中华人民共和国内河避碰规则》第6条"船舶应当随时用视觉、听觉以及一切有效手段保持正规的瞭望,随时注意周围环境和来船动态,以便对局面和碰撞危险作出充分的估计"的规定。

(2)小船未使用安全航速航行。碰撞前,小船一直未减速，未充分考虑到本船的瞭望条件、航道情况、周围环境等因素，以致在形成紧迫局面时，没有充分的余地采取有效的避让行动。其行为违反了《中华人民共和国内河避碰规则》第7条"船舶在任何时候均应当以安全航速行驶，以便能够采取有效的避让行动，防止碰撞"的规定。

（3）小船未主动避让下行船。小船驶过22号红浮标后，驾驶员认为下行船会向红浮标一侧下驶，未采取任何避让行动。其行为违反了《中华人民共和国内河避碰规则》第10条"两机动船对驶相遇时，除本节另有规定外：（一）上行船应当避让下行船"、第9条"采取任何防止碰撞的行动，应当明确、有效、及早进行，并运用良好的驾驶技术，直至驶过让清为止。船舶在避让过程中，让路船应当主动避让被让路船"的规定。

（4）小船未鸣放会船声号。小船没有配备声响信号设备和甚高频无线电话，不能表明会让意图和协调避让行动。其行为违反了《中华人民共和国内河避碰规则》第42条"机动船应当配备号笛一个、号钟一只"、第43条"机动船为表示本船的意图、行动或者需要其他船舶、排筏注意时，应当根据本规则各条规定使用号笛发出下列声号：（一）一短声——我正在向右转向；当和其他船舶对驶相遇时，表示'要求从我左舷会船'。（二）两短声——我正在向左转向；当和其他船舶对驶相遇时，表示'要求从我右舷会船'"的规定。

（5）小船临危措施严重不当。当与来船构成紧迫危险时，小船未能采取有效的避让行动减轻损失，盲目使用右舵大幅度转向，加剧了紧迫危险。其行为违反了《中华人民共和国内河避碰规则》第3条"不论由于何种原因，两船已逼近或者已处于紧迫局面时，任何一船都应当果断地采取最有助于避碰的行动，包括在紧迫危险时而背离本规则，以挽救危局"的规定。

2 货船

（1）货船严重疏忽瞭望。该船离开码头后，发现来船但未保持正规瞭望、判明来船动态，直至两船相距约300m时才判明来船为上行船。其行为违反了《中华人民共和国内河避碰规则》第6条"船舶应当随时用视觉、听觉以及一切有效手段保持正规的瞭望，随时注意周围环境和来船动态，以便对局面和碰撞危险做出充分的估计"的规定。

（2）货船未使用安全航速行驶。货船对来船动态判断不明时，未及时采取减速行动。其行为违反了《中华人民共和国内河避碰规则》第7条"船舶在任何时候均应当以安全航速行驶，以便能够采取有效的避让行动，防止碰撞"的规定。

（3）货船航行中偏离航路。货船过23号红浮标后，下行航路逐步向航道右侧偏移，占据了来船的部分上行航路。其行为违反了《中华人民共和国内河避碰规则》第8条"机动船航行时，上行船应当沿缓流或者航道一侧行驶，下行船应当沿主流或者航道中间行驶"的规定。

（4）货船未鸣放会船声号。该船虽配有声响信号设备，但未按规定鸣放声号，未能表明会让意图和协调避让行动，未及早采取减速措施。其行为违反了《中华人民共和国内河避碰规则》第44条"船舶相遇时，应当按下列规定使用声号：（一）两机动船对驶相遇，下行船应当在相距1km以上处谨慎考虑航道情况和周围环境，及早鸣放会船声号"、第43条"机动船为表示本船的意图、行动或者需要其他船舶、排筏注意时，应当根据本规则各条规定使用号笛发出下列声号：（一）一短声——我正在向右转向；当和其他船舶对驶相遇时，表示'要求从我左舷会船'。（二）两短声——我正在向左转向；当和其他船舶对驶相遇时，表示'要求从我右舷会船'"的规定。

四　船舶驾驶员行为探讨

1 两船的驾驶员安全意识淡薄

本案例是一起船舶对驶相遇碰撞事故，两船的互见距离达2000m以上，水流平稳无风无浪，周边又没有其他航行的船舶，真是完美的"太平航道",碰撞事故完全是不应该发生的。但是,两船的驾驶员都把避让的责任推给了对方,都认为对方会主动让开。这充分反映出部分驾驶人员安全意识极其淡薄,无视船舶避碰原则的问题。

《中华人民共和国内河避碰规则》规定:"机动船航行时,上行船应当沿缓流或者航道一侧行驶,下行船应当沿主流或者航道中间行驶";"船舶在航行中要保持高度警惕,当对来船动态不明产生怀疑,或者声号不统一时,应当立即减速、停车,必要时倒车,防止碰撞。采取任何防止碰撞的行动,应当明确、有效、及早进行,并运用良好驾驶技术,直至驶过让清为止。"。通过对本案例的剖析,船舶驾驶员要深刻理解避碰规则的规定,在船舶相遇时,要在正规瞭望的基础上,主动做到"早让、宽让、大让、让清"。也就是要及早地表明自己的会让意图并利用声号、灯号、甚高频等手段告诉对方;要在保证本船航行安全的前提下,尽可能地让出对方的航路;要采取大幅度的船舶动态表明本船的会让态势;要运用良好的驾驶技能完全让清以后,才回到正常的航路。

2 小船的驾驶员临危处置错误

小船的驾驶员临危处置错误是事故发生的重要原因。当两船处于紧迫局面的时候,小船处于货船右边的航线上,驾驶员错误地采取了操右舵全速前进的措施,是一种不冷静的操作,其主观意识是想"抢过去",也就是想强抢货船的船头,结果全速与货船发生碰撞。如果小船的驾驶员采取操左舵进行避让的措施,两船的碰撞是有可能化解的,即使碰撞不可避免,也是货船右艏部与小船的船尾右侧擦碰,事故的损失要小得多(图7-3)。

3 货船的驾驶员操作正确

在紧迫危险已经形成以后,货船的驾驶员采取的措施是正确的。首先是立即减速、倒车以减缓碰撞的力度。碰撞发生以后,立马停车,以免螺旋桨伤人。事实上,获救的人中有2人是趴在货船舵叶上被渔民救起来的。如果货船的驾驶员在碰撞已经发生以后,继续倒车的话,这2个人必死无疑。碰撞发生后,小船一直被压在货船的船底,如果驾驶员继续倒车,死亡的人员将更多。以往的碰撞事故中,碰撞发生后,由于驾驶员的盲目倒车,导致螺旋桨伤人的案例并不少见。还有一种情况,就是盲目倒车将两船分离,导致本来不会沉没的船舶立即进水沉没。因此,碰撞事故发生后,驾驶员切不可盲目倒车。正确的做法是立即停车,再视情况将两船分离。

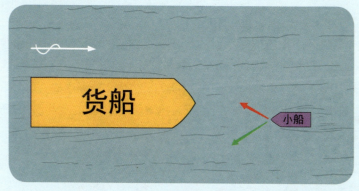

图7-3 小船临危处置示意图

案例八

抢滩抢出来的祸

事故发生当天约12:00,一艘满载碎石的货船在航行途中触碰航道外水下障碍物后,在抢滩的过程中发生侧翻,造成船舶翻沉、2人死亡、直接经济损失210.6万元的水上交通事故。事故船舶右前舷部的破洞如图8-1所示。抢滩船舶即将向左翻沉时的场面如图8-2所示。

图8-1 事故船舶右前舷部的破洞

图8-2 抢滩船舶即将向左翻沉

事故基本情况

1 船员

本航次船上有3人,驾驶员持有效二类船长适任证书,其他2人没有持有船员职务适任证书和服务簿;不满足《船舶最低安全配员证书》要求。

2 船舶

甲板货船,钢质,总长45.00m,型宽9.12m,型深2.60m,满载吃水2.05m,空载吃水0.5m,总吨位323,净吨位180t,参考载重500t,主机功率280kW。

3 通航环境

1)航道

为丰水期,事故航段航道宽度为150m,航道水深足够,航道外右边水域有被淹没的芦苇洲。

2)气象

阴天、无风、无雾,能见度较良。

3)水文

事故水域流速约0.4m/s。

事故经过

事故发生当天,货船装载500t碎石(自然堆积,没有平舱)下驶。

12:10,货船航行到事故水域,航速大约12km/h,驾驶员发现正前方约2km处有一艘采砂船正在施工作业,施工船的两舷各系靠一艘自卸运砂船。

货船驾驶员用甚高频呼叫:"工程船,你不要把航道堵死了,你右边有两艘自卸船,我只能走你左边。"连续呼叫了2

次，采砂船没有回应。

货船驾驶员在呼叫同时，操右舵试图从采砂船左舷下行。突然，驾驶员感觉船首一擦，意识到船首触碰水下障碍物(经鉴定船首破损1m×0.7m)，马上操左舵试图避开障碍物。这时驾驶员发现船体下沉，立即对水手说："你们两个到船头去检查下"。

2名水手先后下驾驶室跑向船首，当跑到主甲板2/3的位置时，船首人孔舱盖被水冲开，2名水手立即往回跑，同时挥手叫道："不行了，前头进水了，往坡上（岸边）冲"。

货船驾驶员马上操右满舵，同时将油门加到800r/min左右，试图冲滩，但由于船舱进水，船体下沉，并向左侧倾斜，驾驶员跑出驾驶室时，船舶立即向左侧翻，船上3人全部落水。

船舶翻沉后，附近一艘木质渔船赶来救援，将驾驶员救起，2名水手失踪。

事故原因

调查认定：

（1）货船驾驶员在航行中未保持正规瞭望、未采用安全航速行驶、未采取有效的避让措施，是造成本次事故的直接原因。驾驶员操纵船舶航行时，未充分估计周围环境与本船的操纵能力，在前方航道发现有采砂船时，在未与对方取得联系的情况下，不采取立即减速停车的有效手段，而是采取转向的避让方式，导致船舶触碰航道外水下障碍物，致使船体破洞进水，船体下沉，采取右满舵加车冲滩的应急措施导致船体向右发生翻沉。其行为违反了《中华人民共和国内河避碰规则》第6条"船舶应当随时用视觉听觉以及一切有效手段保持正规瞭望，随时注意周围环境和来船动态，以使对局面和碰撞危险作出充分的估计"、第7条"船舶在任何时候均应当以安全航速行驶，以便能够采取有效的避让行动，防止碰撞"、第9条"船舶在航行中要保持高度警惕，当对来船动态不明产生怀疑，或者声号不统一时，应当立即减速、停车，必要时倒车，防止碰撞。采取任何防止碰撞的行动,应当明确、有效、及早进行,并运用良好驾驶技术,直至驶过让清为止"的规定。

(2)货船驾驶员临危处置措施不当,是造成此次事故的直接原因之一。当船舶发生触碰后,驾驶员未及时采取减速、停车、检查碰撞部位等措施,而是在船舶受损不明的情况下采取左舵避让。另外,在船舶进水沉没前采取右满舵加车冲滩,导致船舶在舵力产生的离心力和水流流压作用而向左倾翻。

四、船舶驾驶员行为探讨

本案例原本是一起简单的触礁事故,具体的原因在上文中已经分析得很清楚了。但是,触礁以后所采取的应急措施"抢滩",最终导致船舶翻沉、死亡2人的惨痛结果,使我们不得不对"抢滩"进行深入的分析。

抢滩又叫坐滩或冲滩,是指船舶发生触损以后有沉没危险时,设法使船舶搁浅在浅滩上,防止沉没。由此看来,抢滩是一个应急措施,其目的是避免船舶沉没,是一种"丢卒保帅"的措施。但是这个措施不可以随意实施,内河船舶应该不同于海船,对运砂船而言,根本就不可以实施。近年来,运砂船因为抢滩而船翻人亡的事故时有发生。

本案例中,船舶航速12km/h(触礁后由于要抢滩,还加了车,航速更高),即3.3m/s。而破洞面积0.7m^2,在这种情况下,每秒进入船舱的江水至少有2.3t,只要10s,就有23t以上的江水进入船舱。由于此时船舶全速航行并操右满舵,这23t以上的江水受离心力的作用全部集中在左舷,加上自由液面的影响,使船舶大幅度向左倾斜。船舶大幅度的倾斜,就会立即影响到所装载货物——碎石的稳定性。

像砂石、碎石、谷物、矿石、煤等货物在自然堆积的情况下,都有一个静止角和崩塌角,一旦船舶的横倾角度到达静止角和崩塌角的差值的时候(这个角度差一般在4°~8°,视货物的种类、颗粒粗细、干湿不同而不同),这些货物就会发生塌方式位移，导致船舶瞬间翻沉。对于装载砂石、碎石、谷物、矿石、煤等货物的船舶，在货物没有平舱的情况下，一旦发生触礁事故，全速航行操舵转向去"抢滩"无异于"自杀"。

正确的应急措施是：减速直至停车，让船舶缓慢、平稳地坐沉（抢滩的目的也是要坐沉），在这个过程中，船员可以比较从容地逃生。由于现在的船舶吨位都很大，坐沉后，一般不会遭到"灭顶之灾"，货物也不会翻入河水中。即使船舶平稳坐沉后遭到了"灭顶之灾"，后续救援打捞的难度和经济损失也比船舶翻沉状态小很多。

和"抢滩"类似的错误操作还有一种，就是当船处于横倾的状态下全速操舵转向航行，也极易导致船舶翻沉。1998年7月2日，韩国三星海运株式会社"永安"轮满载含水率为10.49%的硫铁矿4498t，航行至汕头港外附近海域发生沉没。事故原因是硫铁矿在航行途中液化，产生自由液面影响，使船舶发生横倾。船长反复调整压载舱水，不但没有使船舶平衡，反而使船舶不断超载。后来，船长决定驶往附近的汕头避难，在向右倾斜5°的情况下，仍以全速前进，在全速中操舵转向，最终导致了该轮沉没。如果船长决定就地锚泊等待救援，翻沉是完全可以避免的。